Nazione Villetta
Libro da colorare

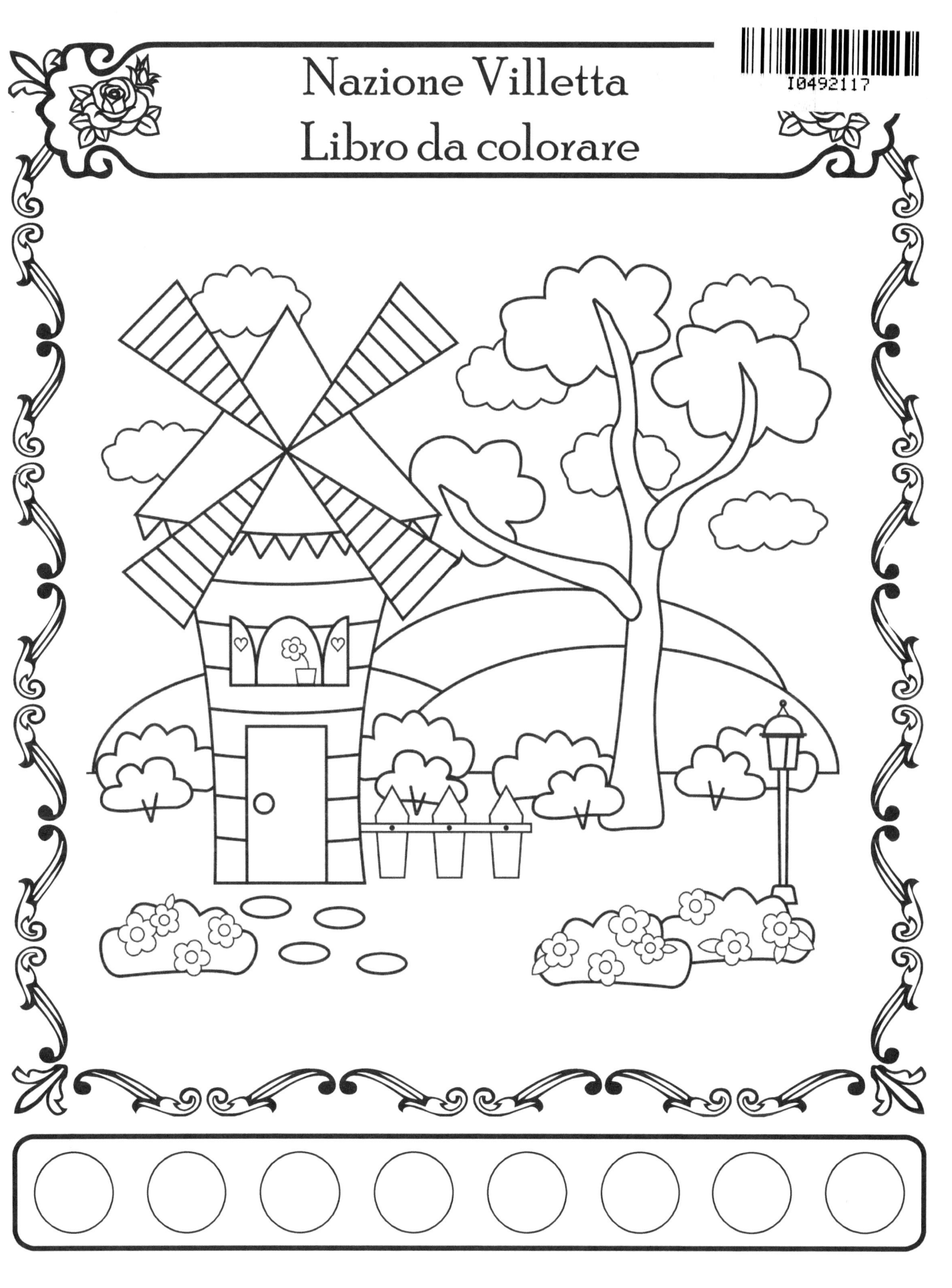

Nazione Villetta
Libro da colorare

Nazione Villetta
Libro da colorare

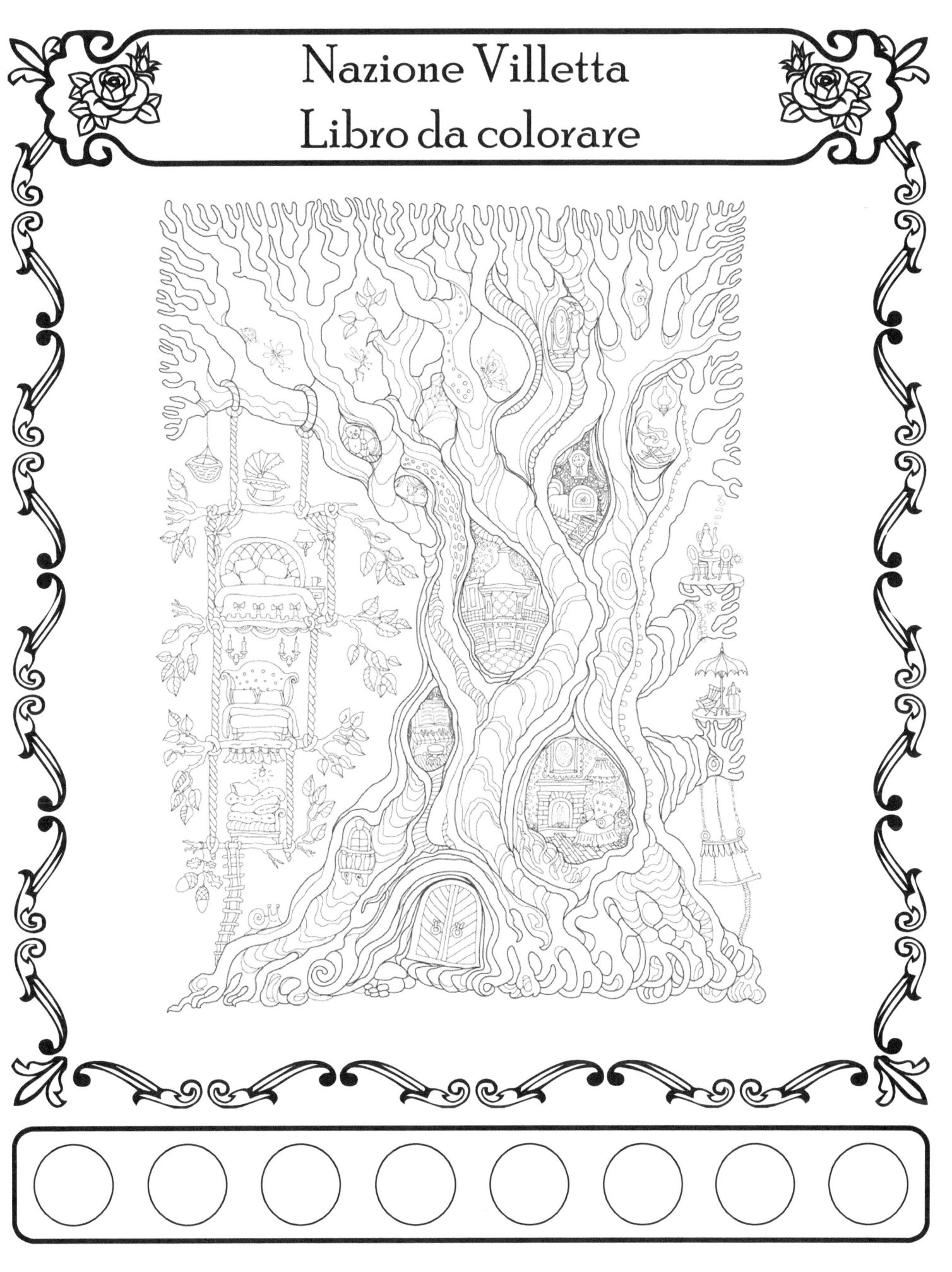

Nazione Villetta
Libro da colorare

Nazione Villetta
Libro da colorare

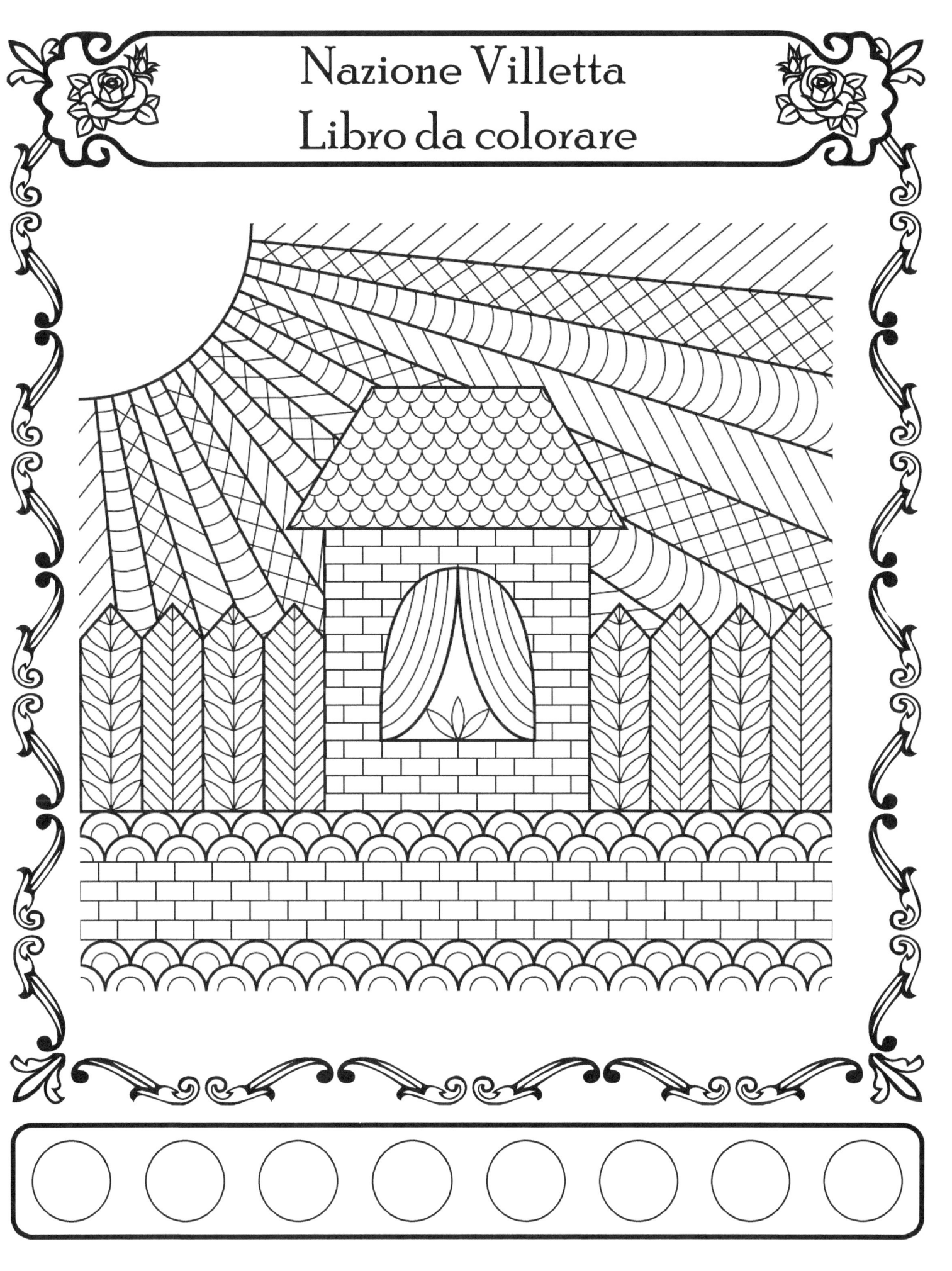

Nazione Villetta
Libro da colorare

Nazione Villetta
Libro da colorare

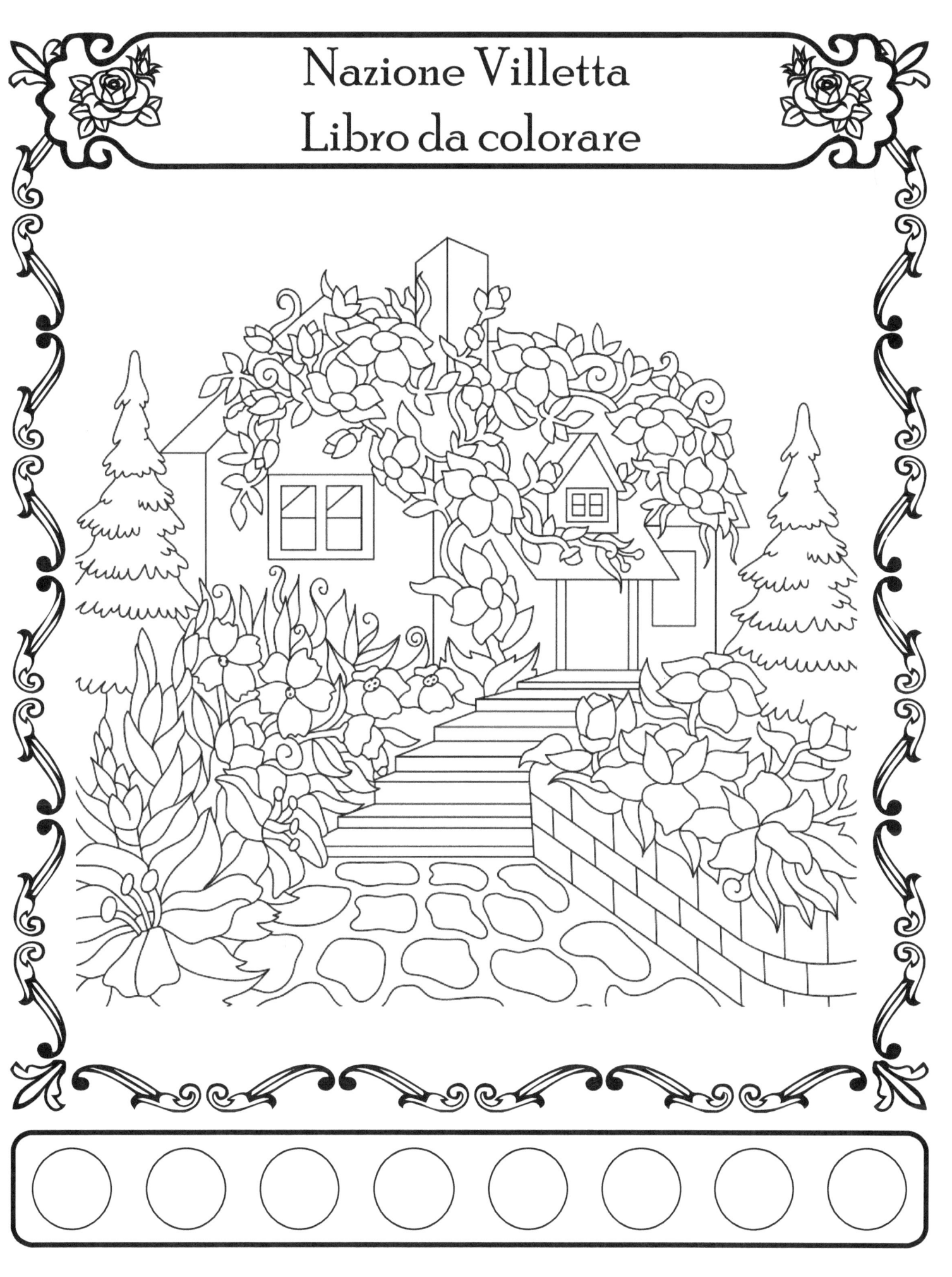

Nazione Villetta
Libro da colorare

Nazione Villetta
Libro da colorare

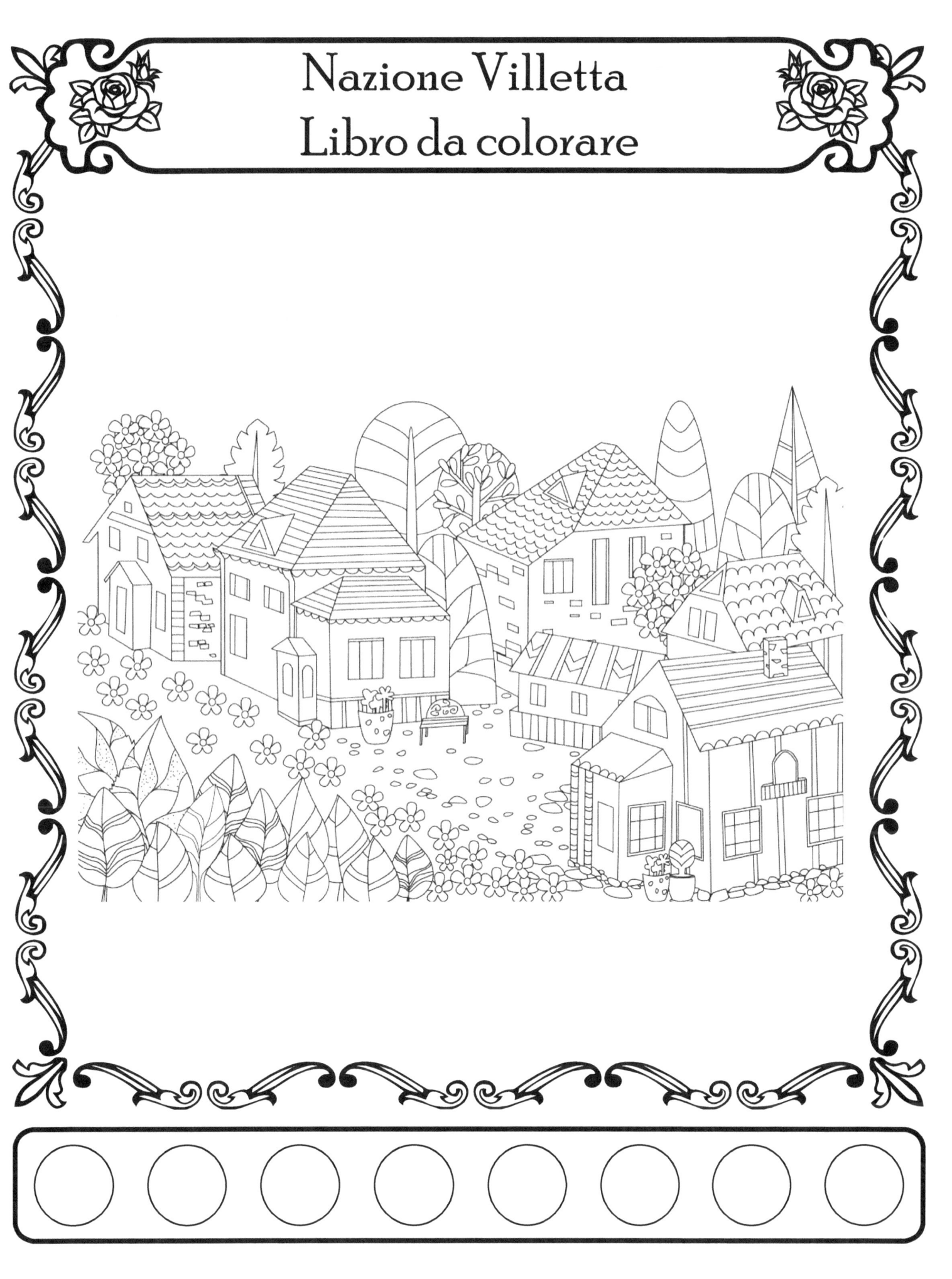

Nazione Villetta
Libro da colorare

Nazione Villetta
Libro da colorare

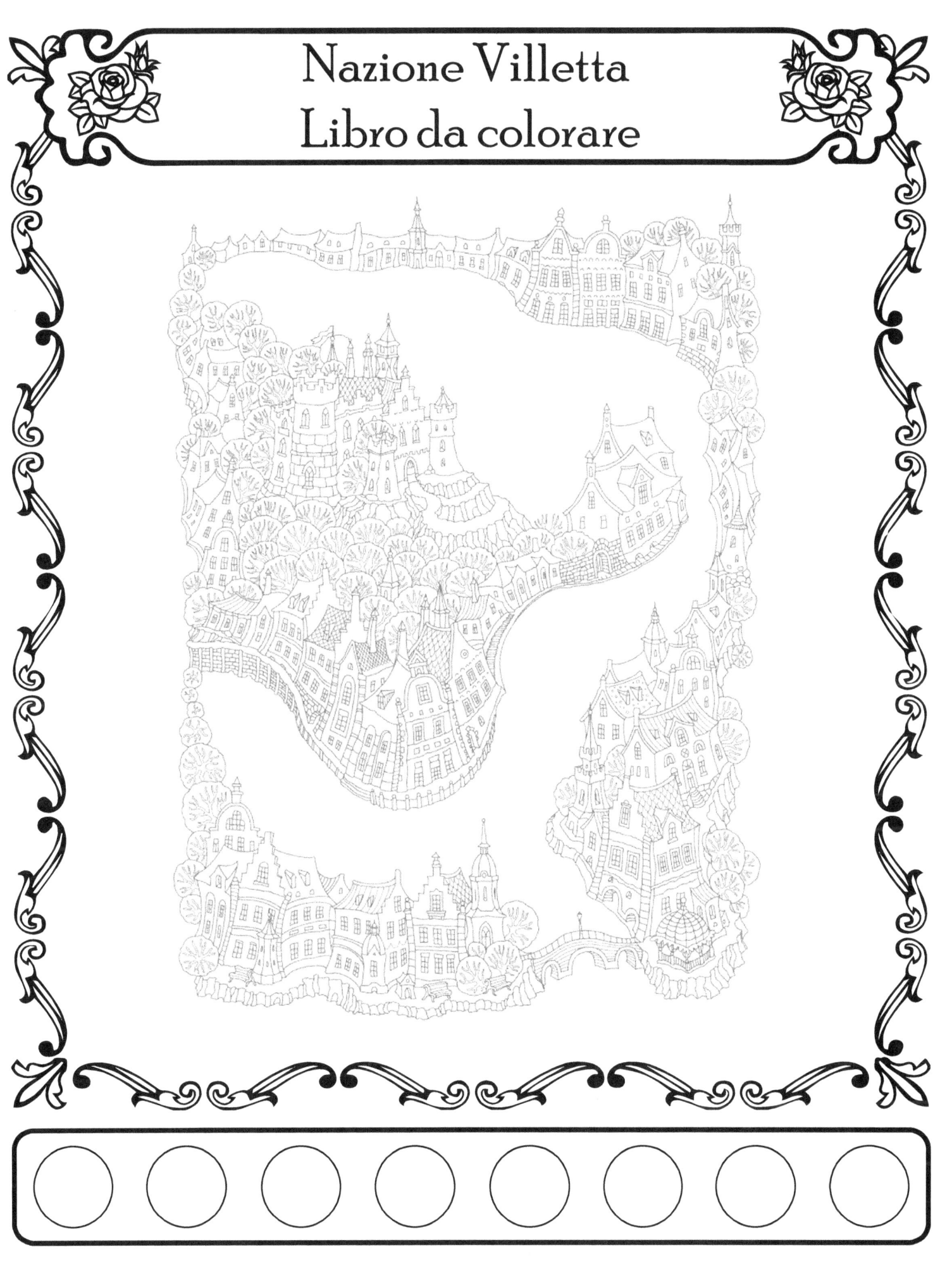

Nazione Villetta
Libro da colorare

Nazione Villetta
Libro da colorare

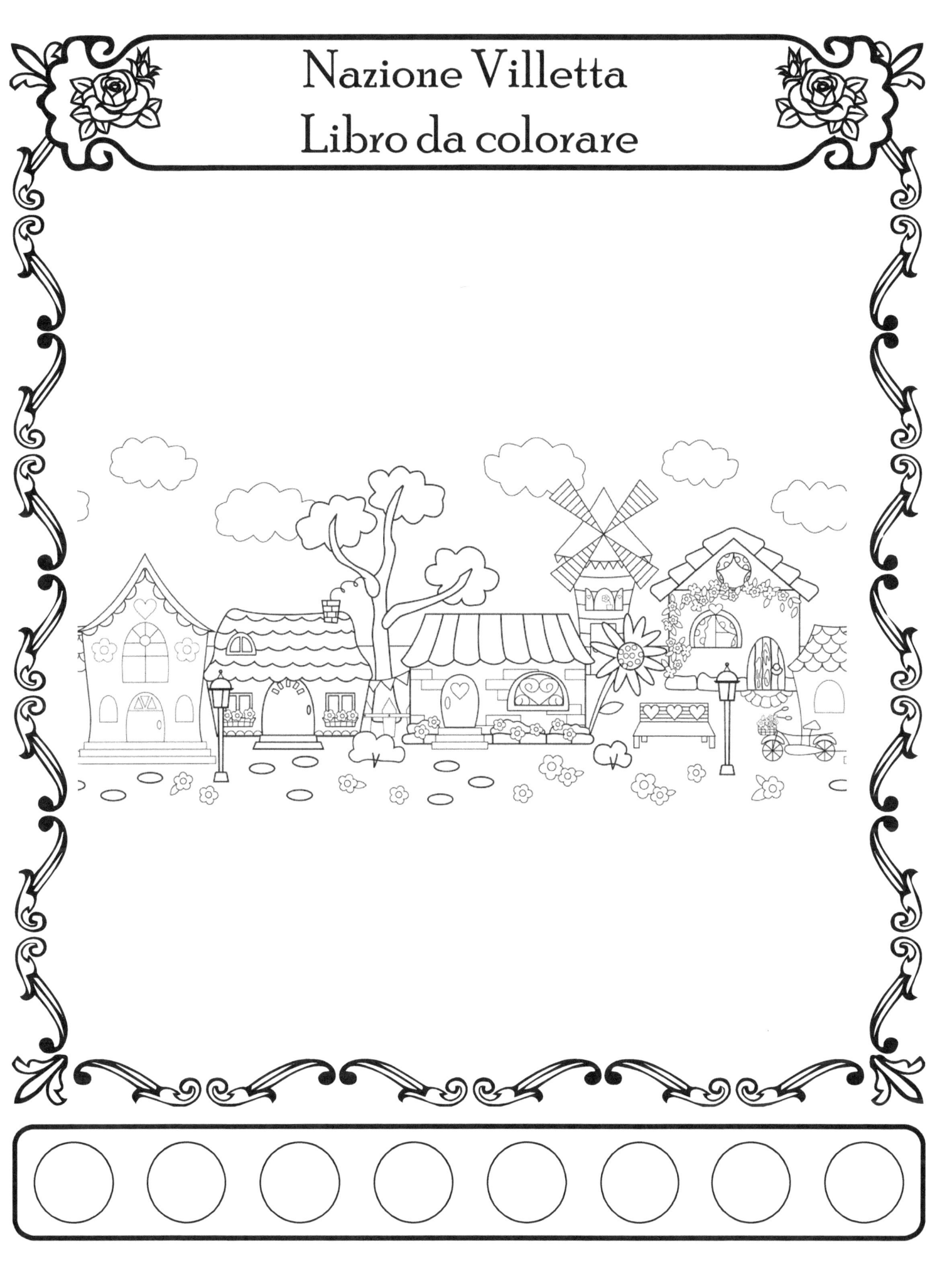

Nazione Villetta
Libro da colorare

Nazione Villetta
Libro da colorare

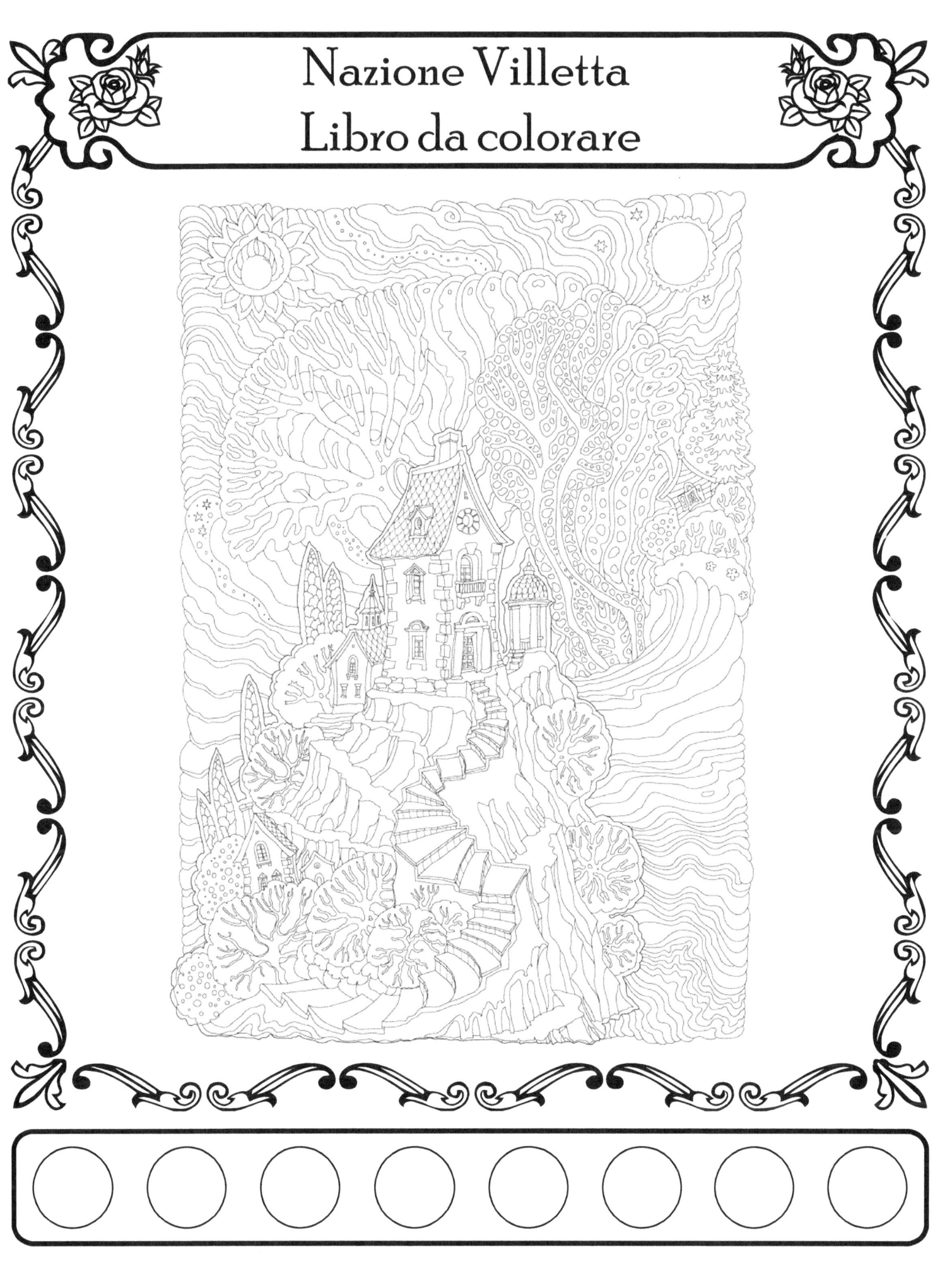

Nazione Villetta
Libro da colorare

Nazione Villetta
Libro da colorare

Nazione Villetta
Libro da colorare

Nazione Villetta
Libro da colorare

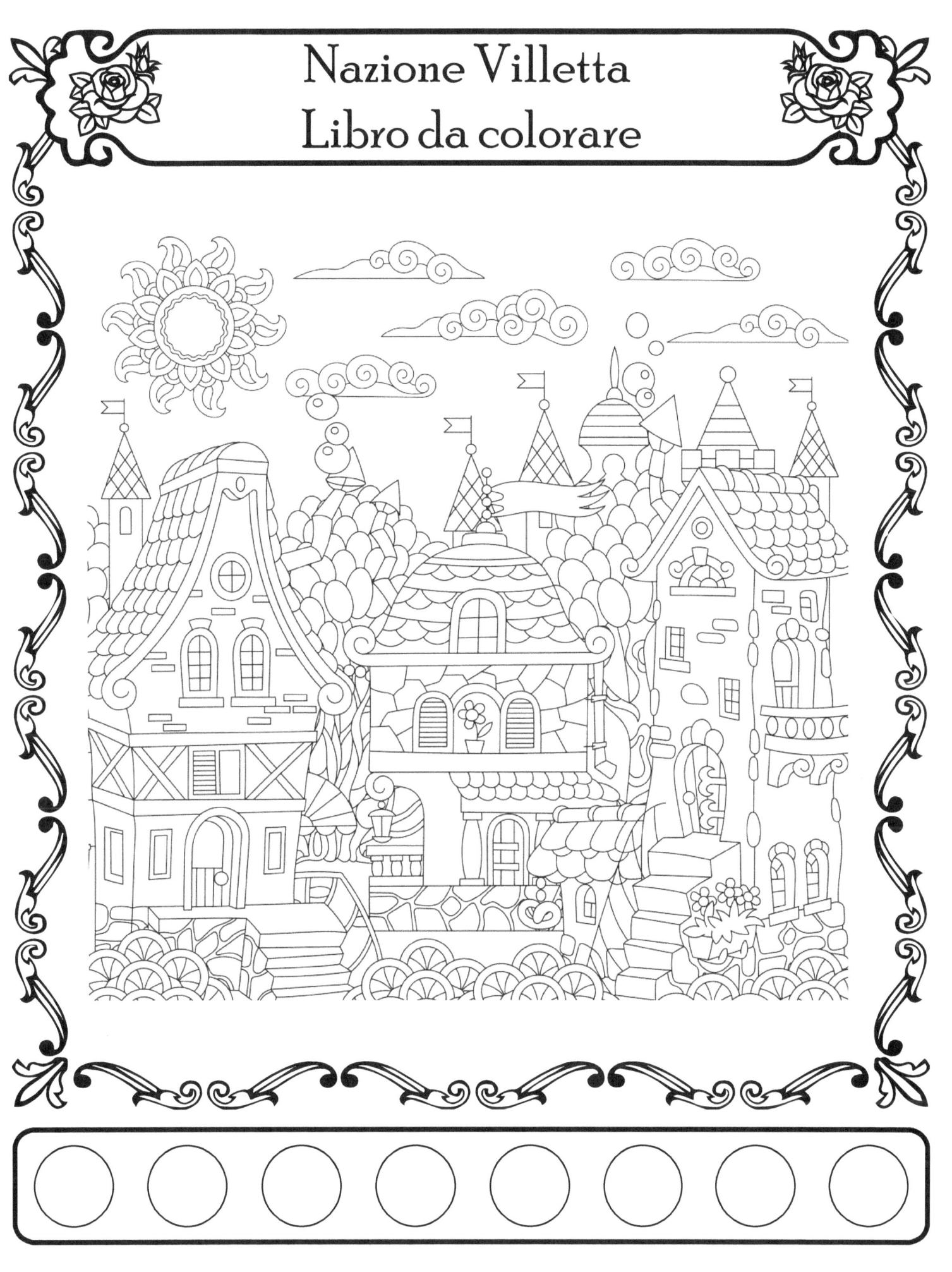

Nazione Villetta
Libro da colorare

Nazione Villetta
Libro da colorare

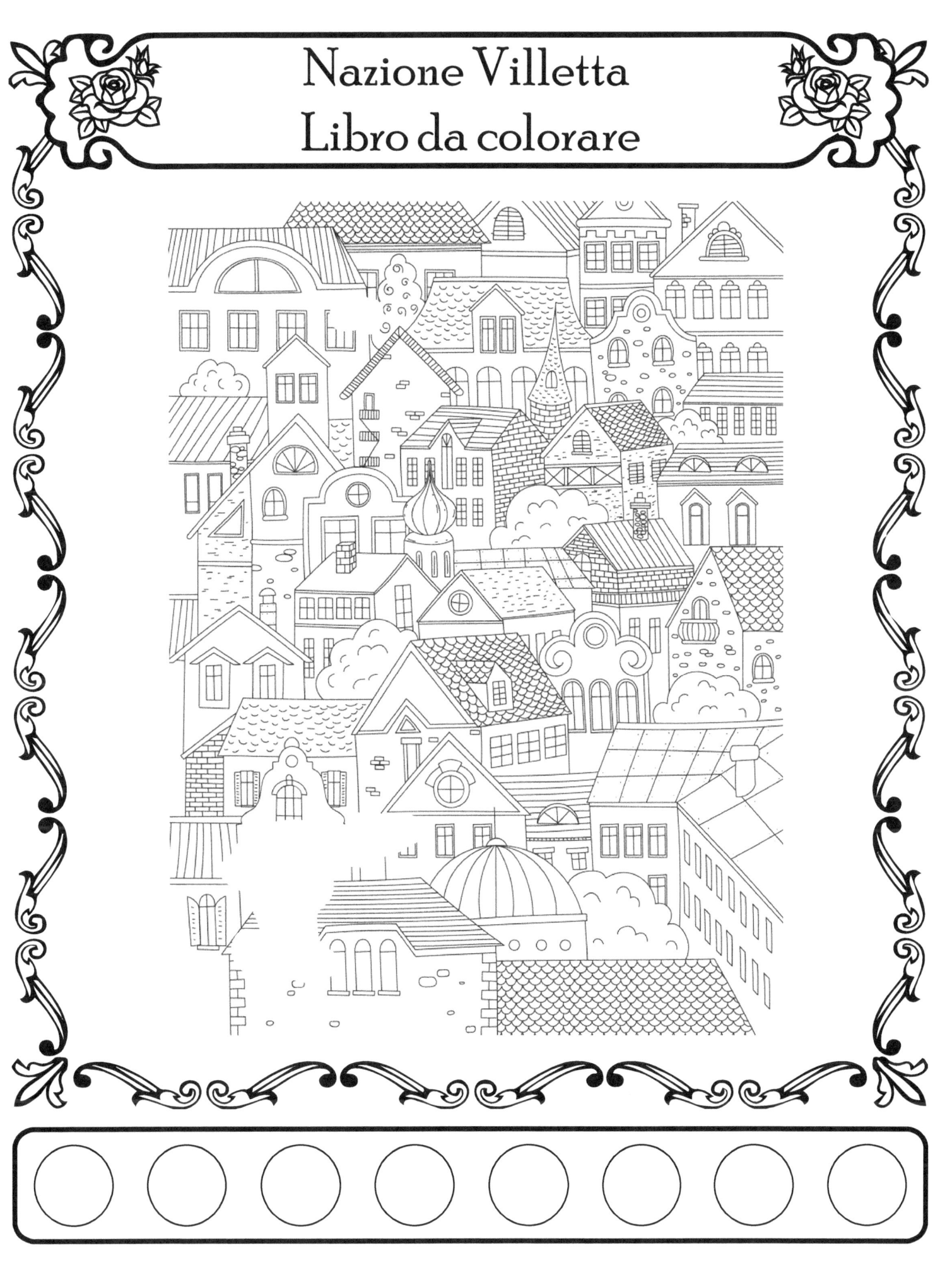

Nazione Villetta
Libro da colorare

Nazione Villetta
Libro da colorare

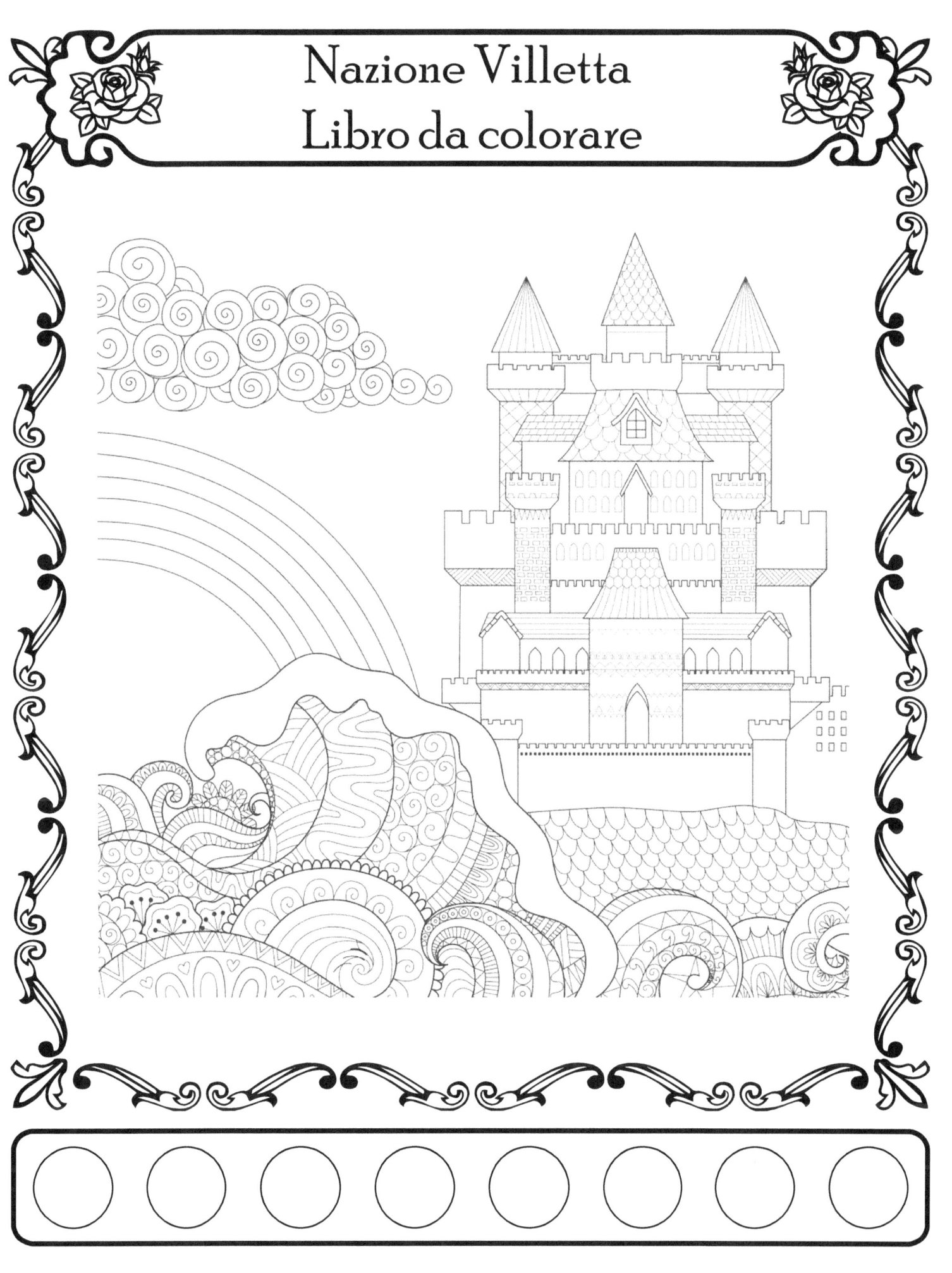

Nazione Villetta
Libro da colorare

Nazione Villetta
Libro da colorare

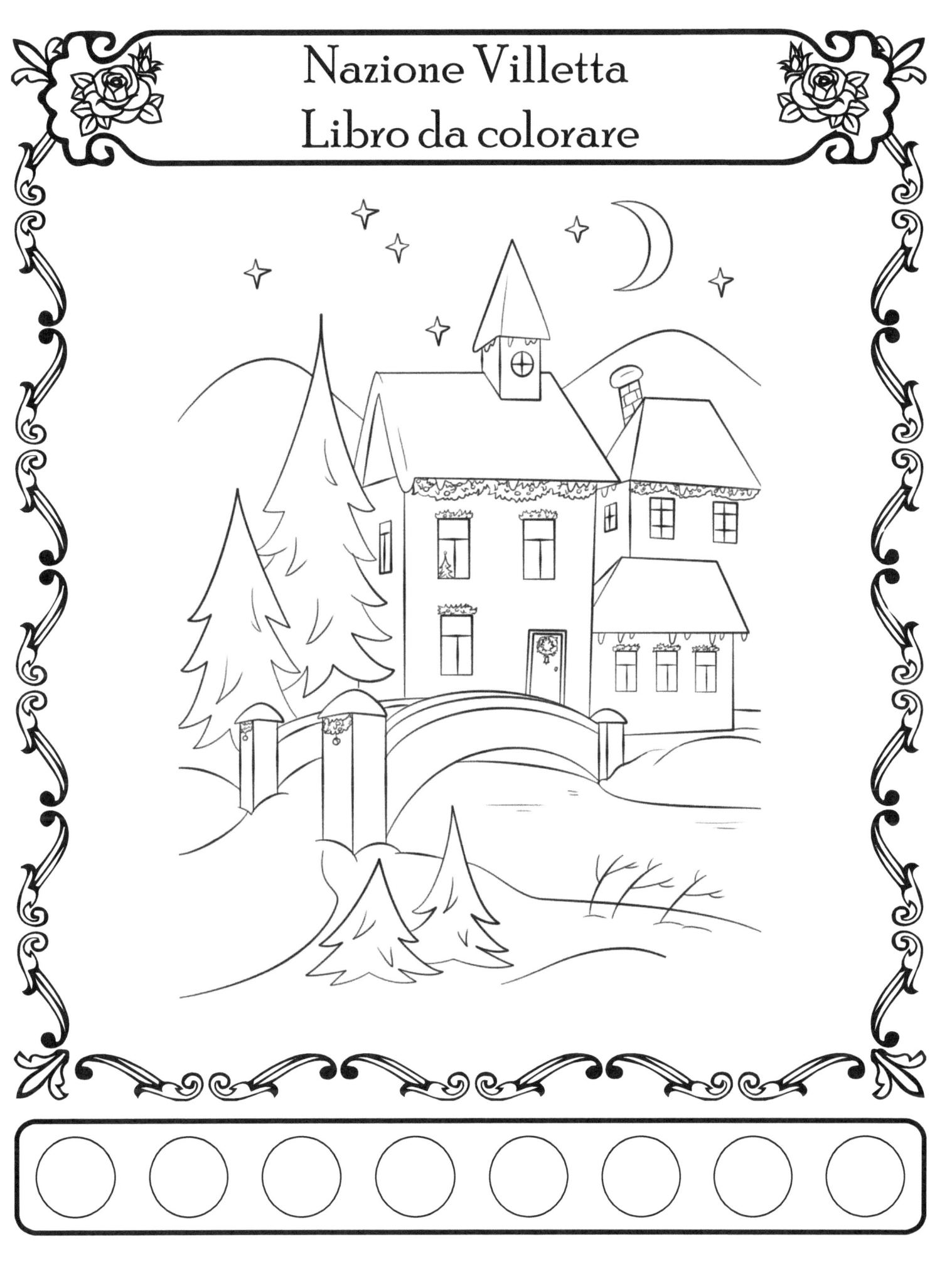

Nazione Villetta
Libro da colorare

Nazione Villetta
Libro da colorare

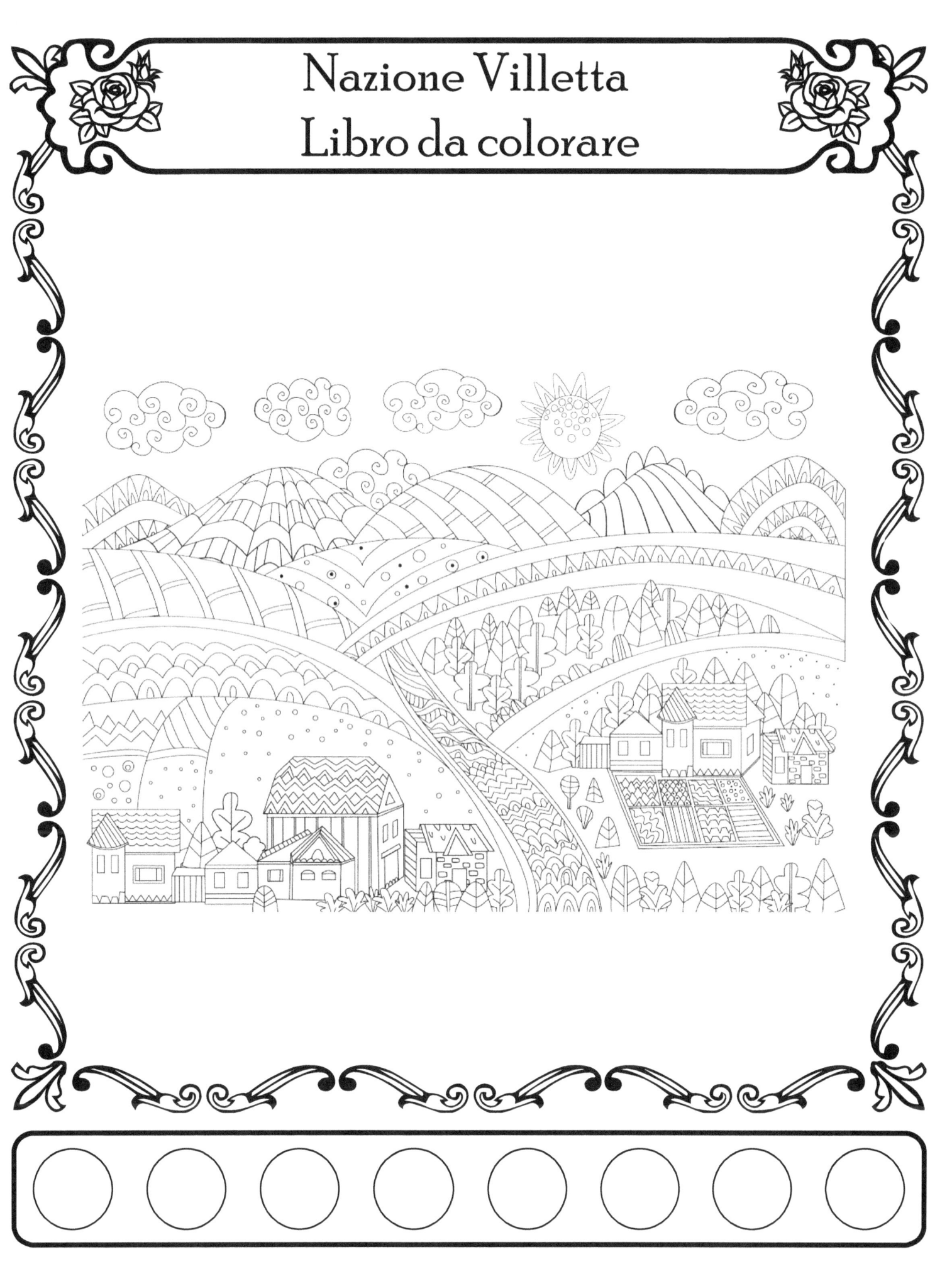

Nazione Villetta
Libro da colorare

Nazione Villetta
Libro da colorare

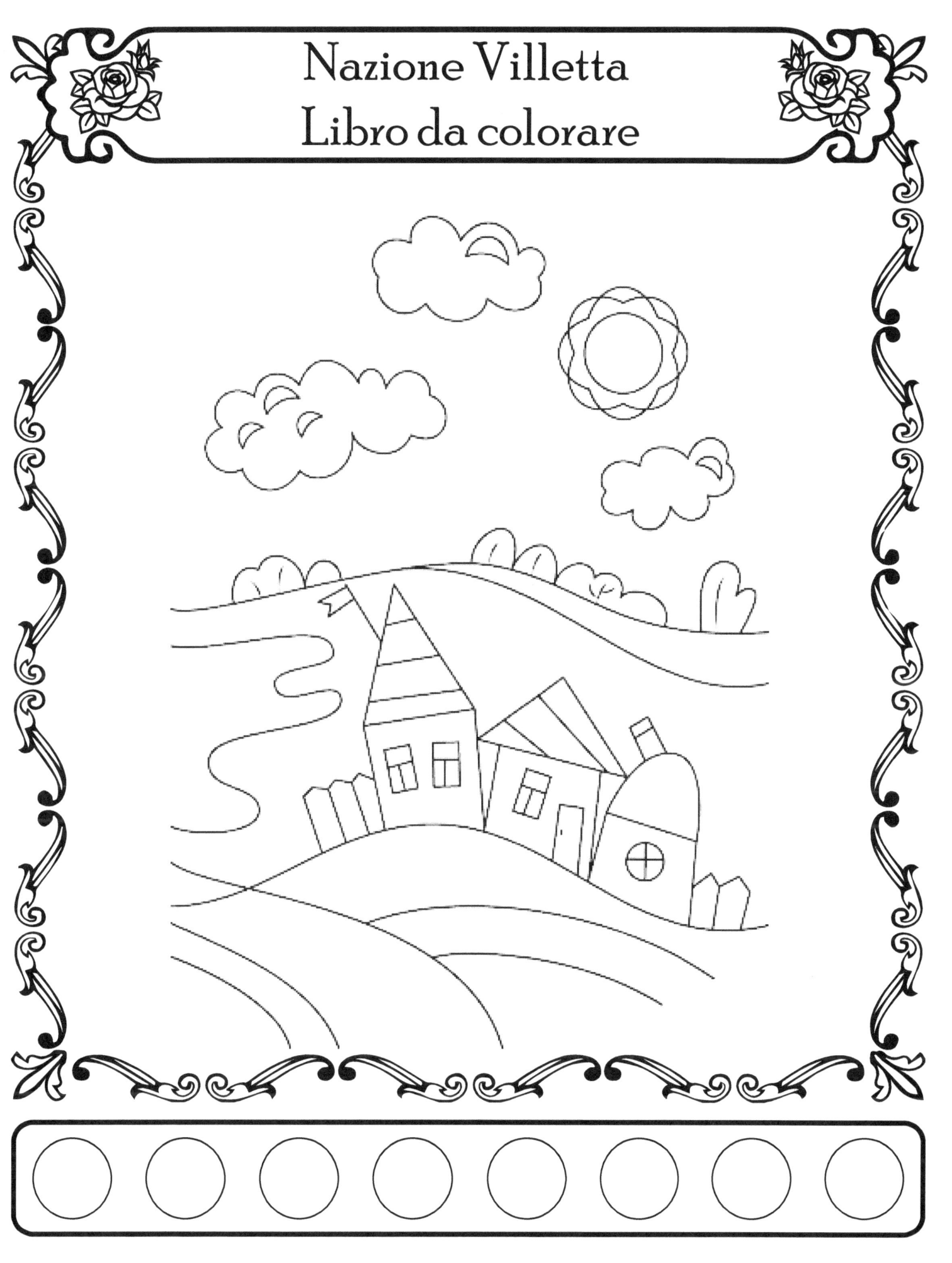

Nazione Villetta
Libro da colorare

Nazione Villetta
Libro da colorare

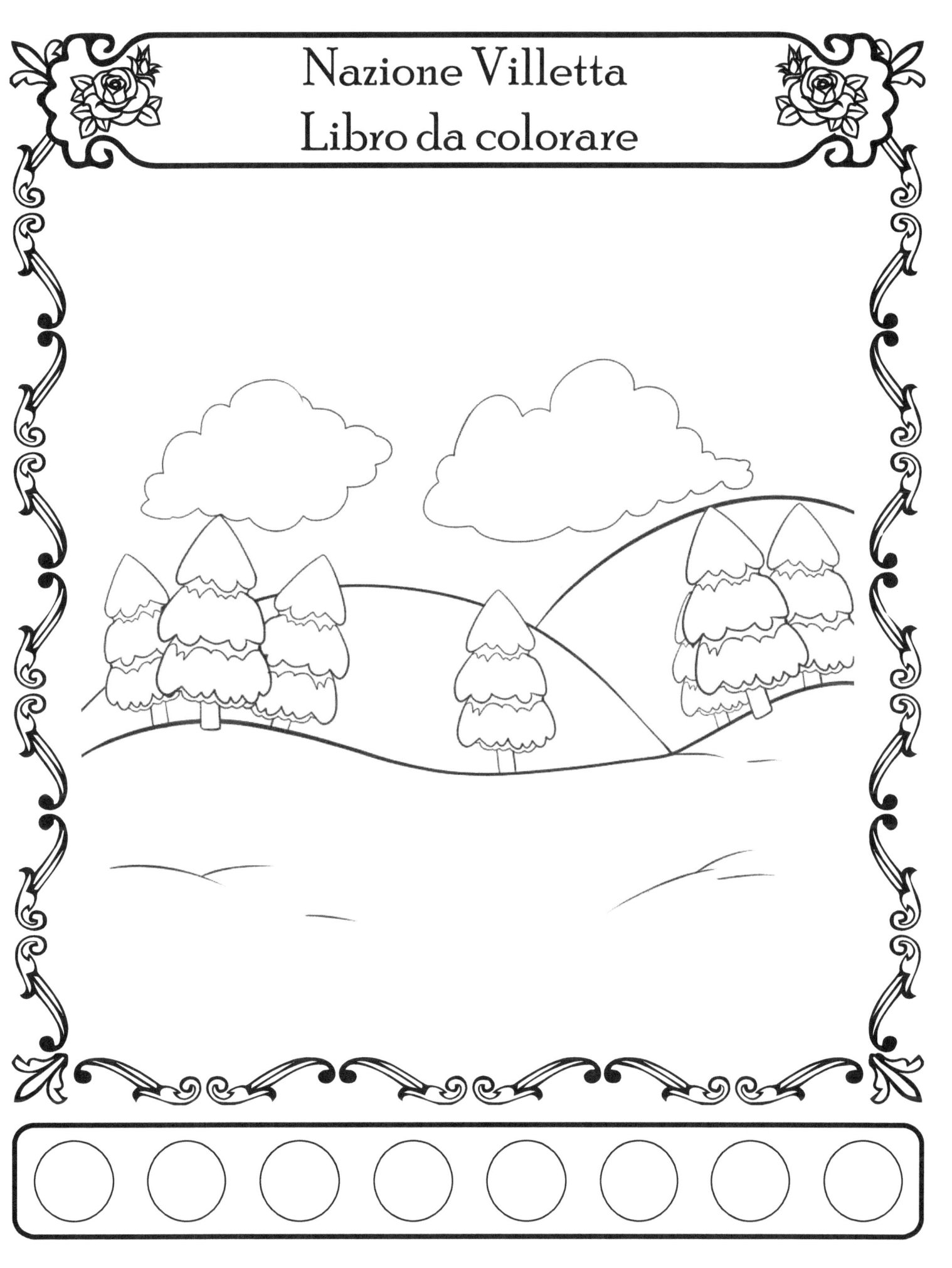

Nazione Villetta
Libro da colorare

Nazione Villetta
Libro da colorare

Nazione Villetta
Libro da colorare

Nazione Villetta
Libro da colorare

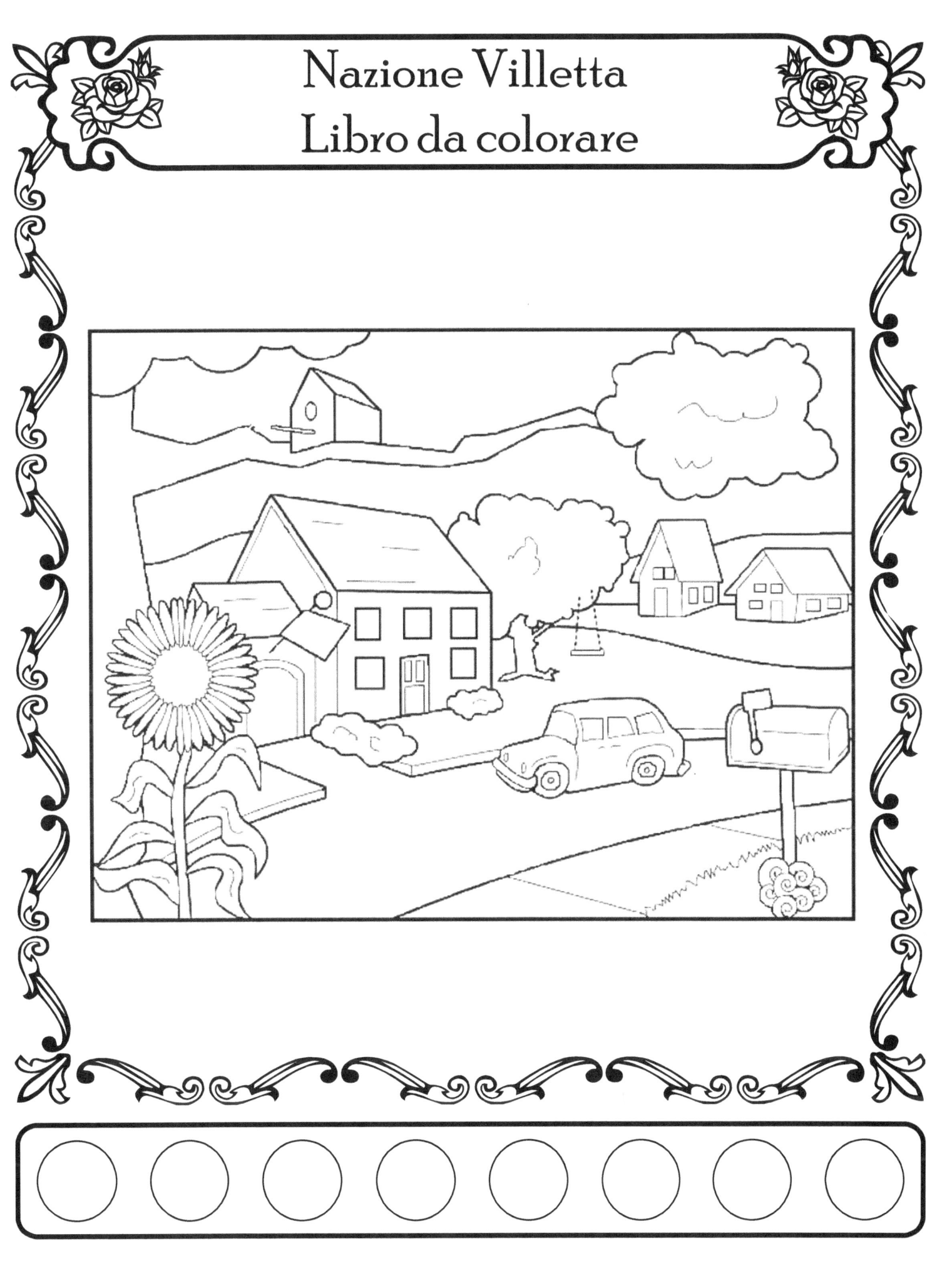

Nazione Villetta
Libro da colorare

Nazione Villetta
Libro da colorare

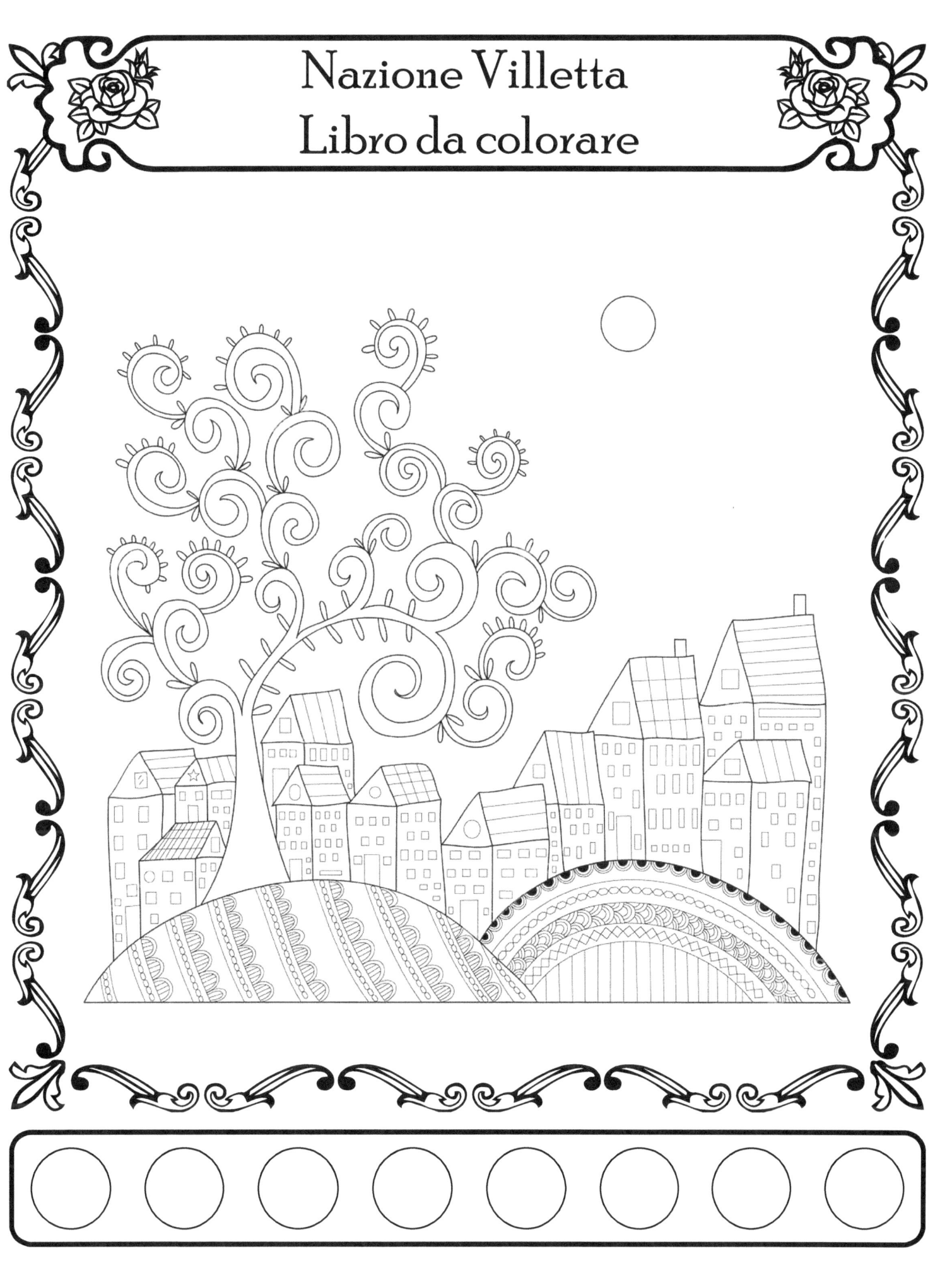

Nazione Villetta
Libro da colorare

Nazione Villetta
Libro da colorare

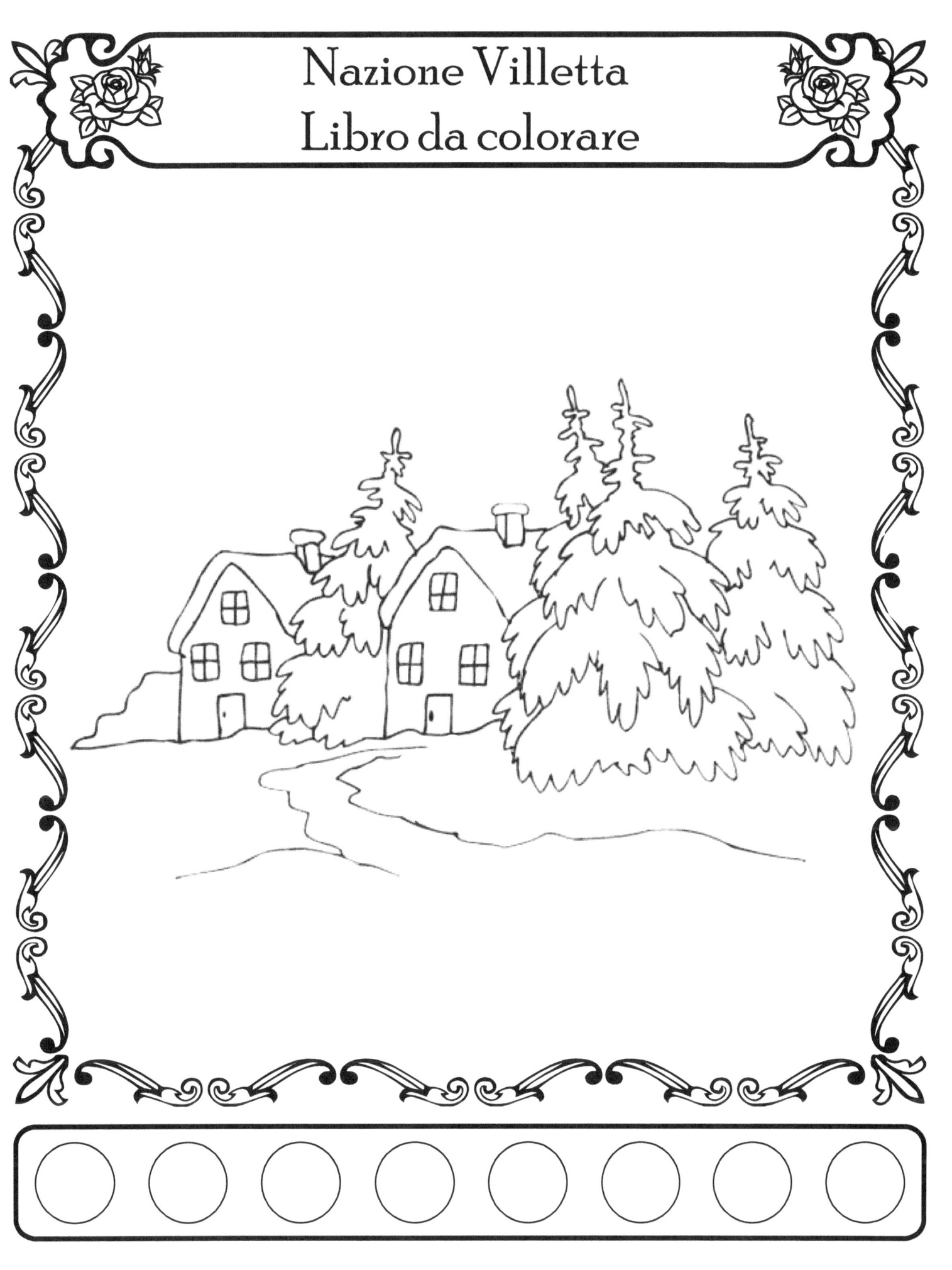

Nazione Villetta
Libro da colorare

Nazione Villetta
Libro da colorare

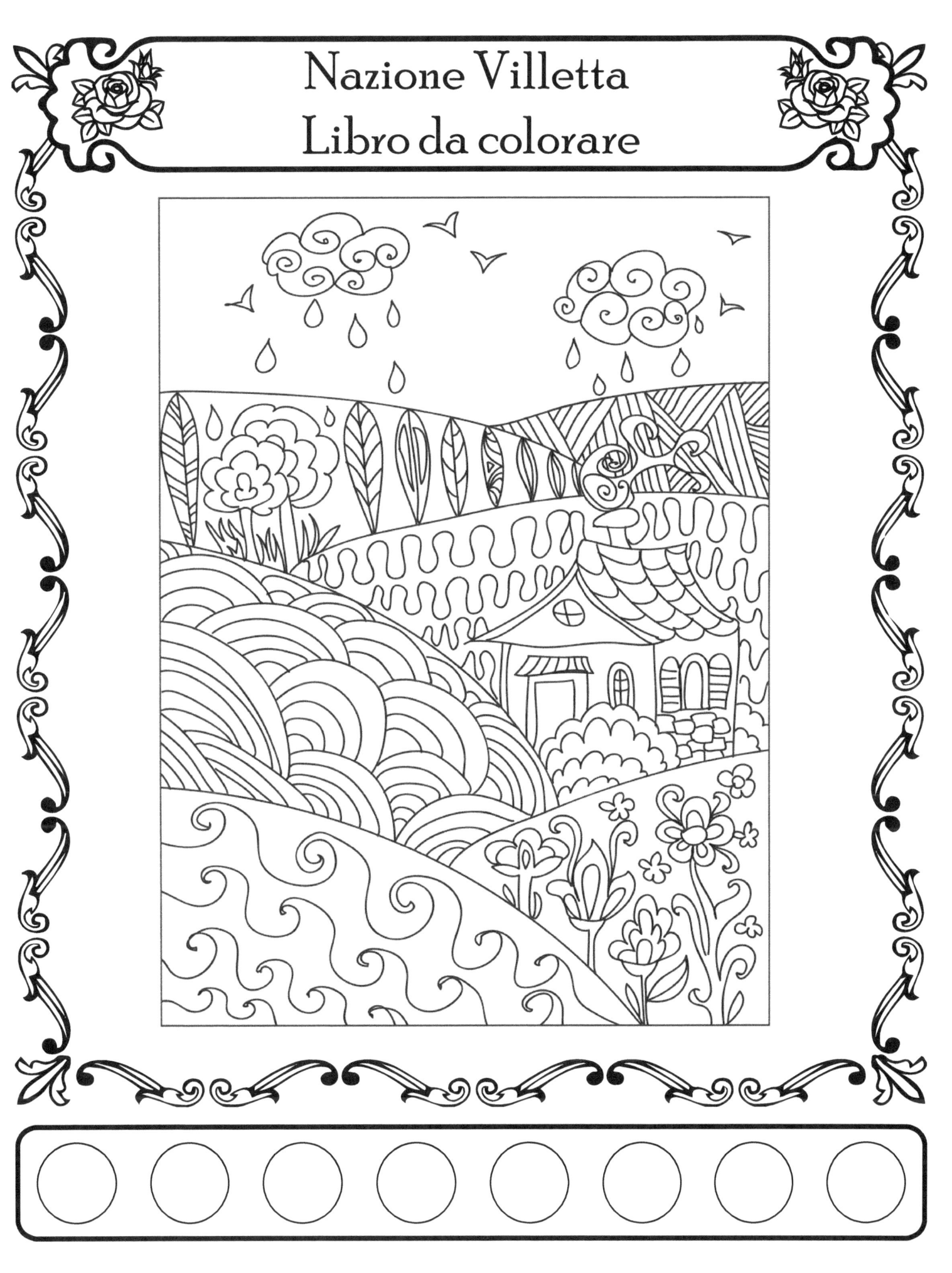

Nazione Villetta
Libro da colorare

Nazione Villetta
Libro da colorare

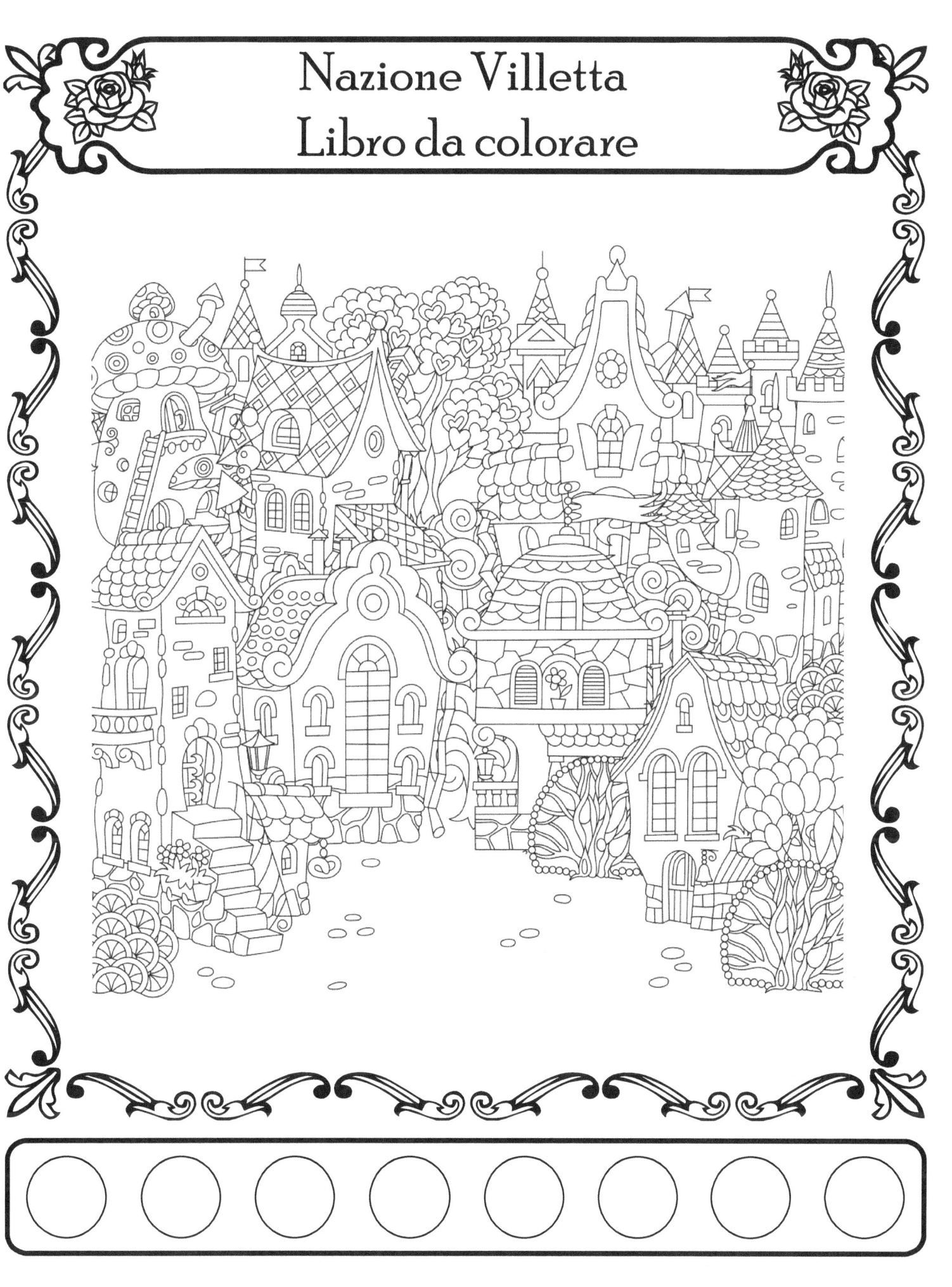

Nazione Villetta
Libro da colorare

Nazione Villetta
Libro da colorare

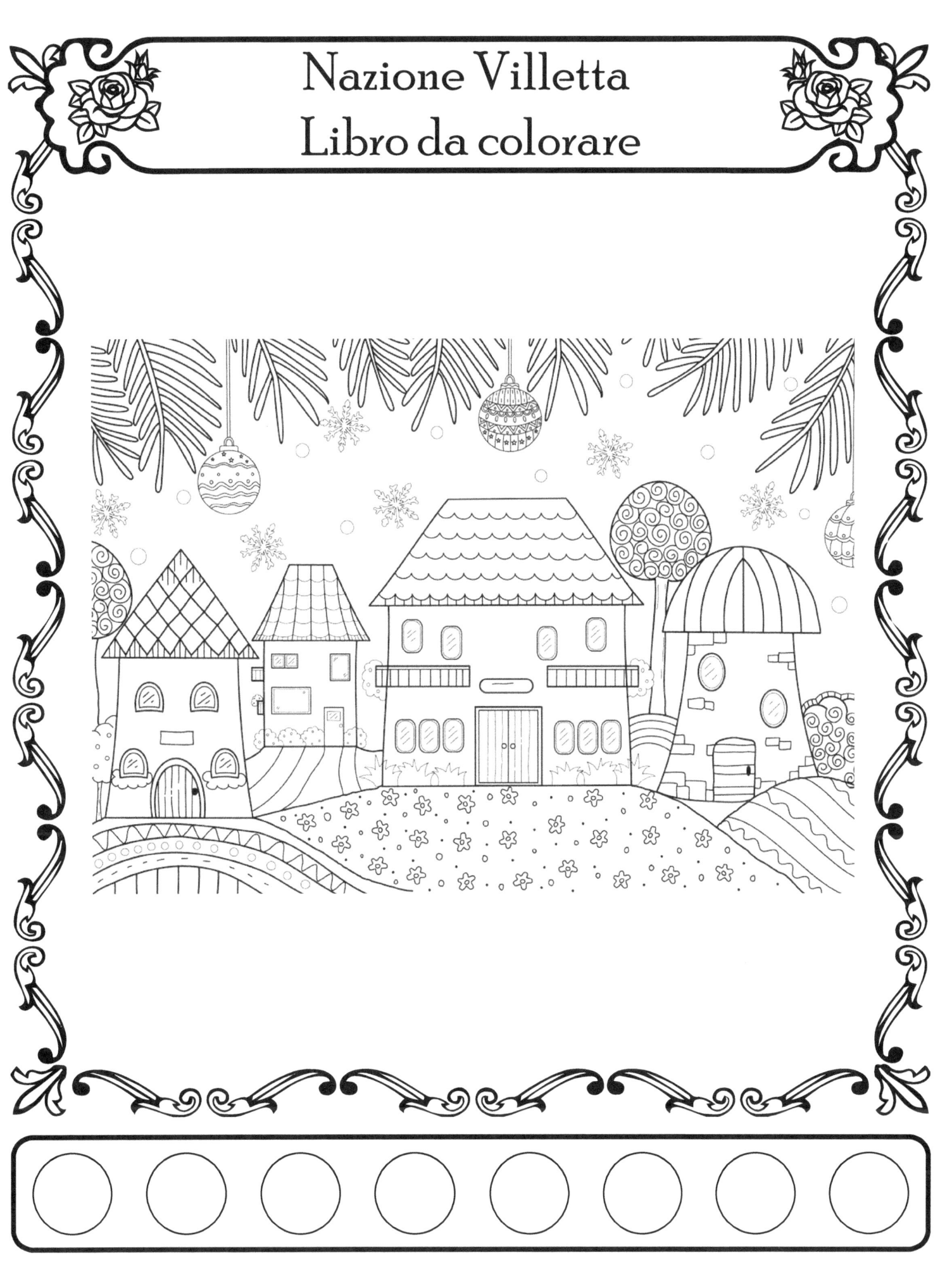

Nazione Villetta
Libro da colorare

Nazione Villetta
Libro da colorare

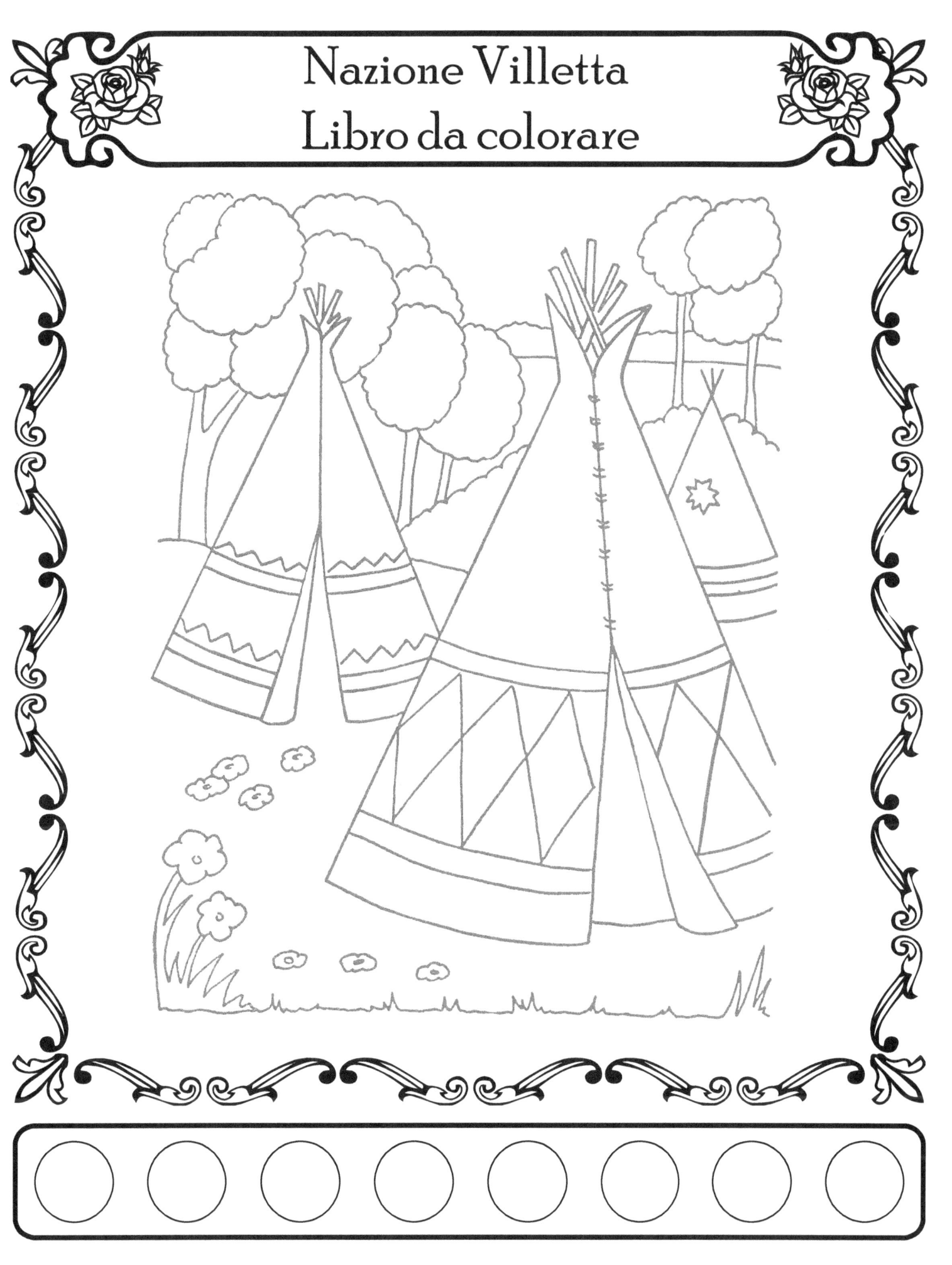

Nazione Villetta
Libro da colorare

Nazione Villetta
Libro da colorare

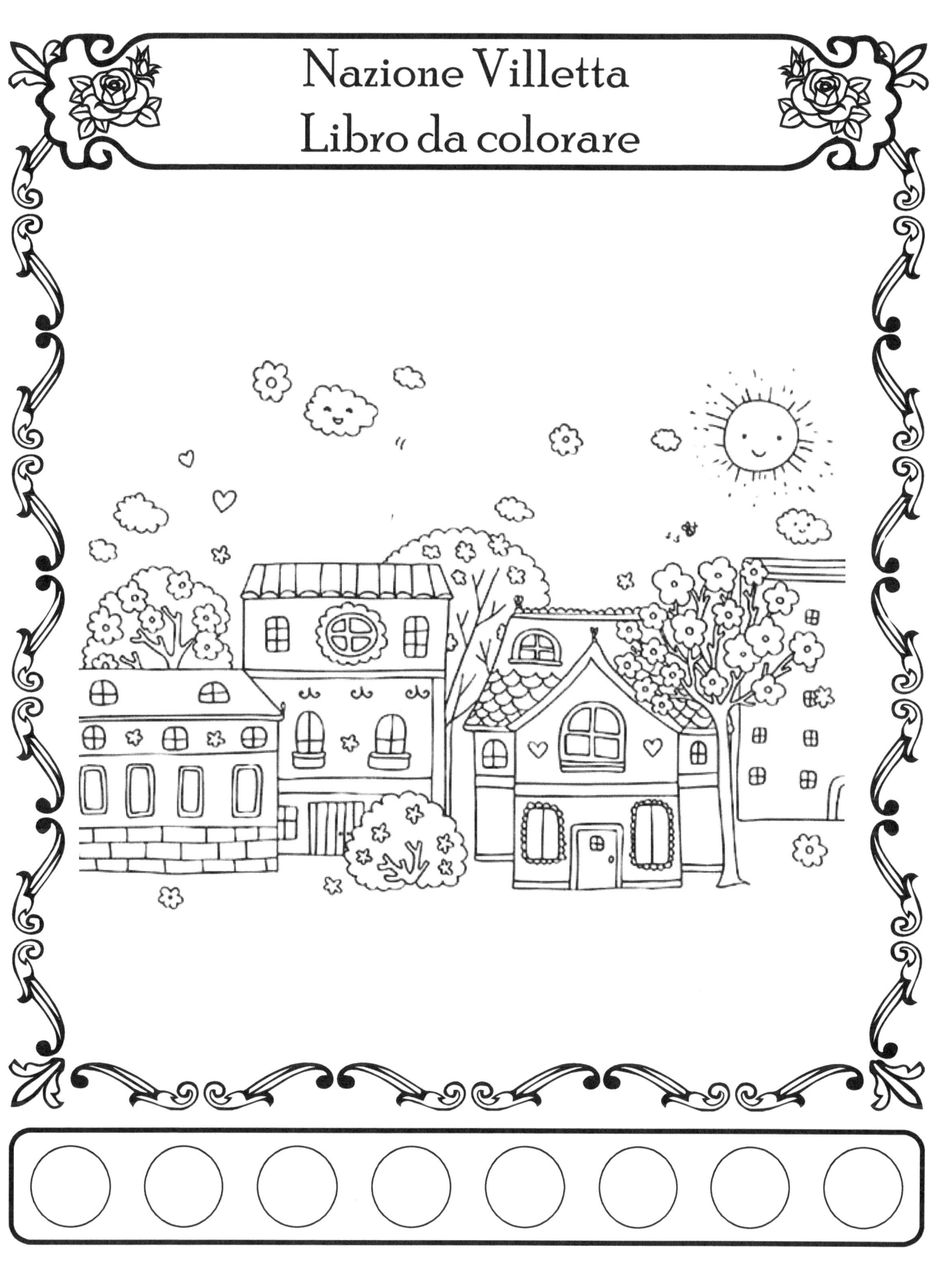

Nazione Villetta
Libro da colorare

Nazione Villetta
Libro da colorare

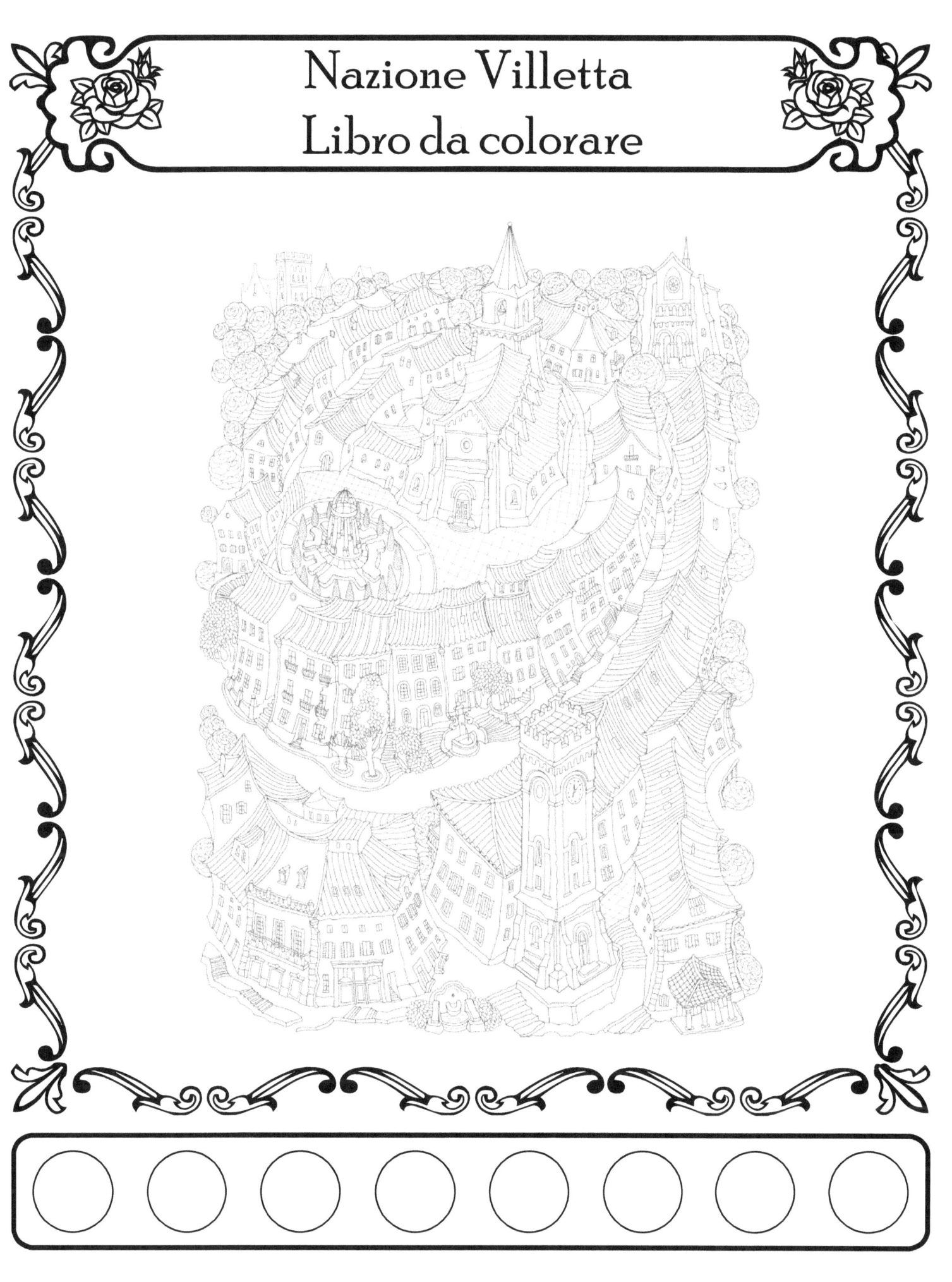

Nazione Villetta
Libro da colorare

Nazione Villetta
Libro da colorare

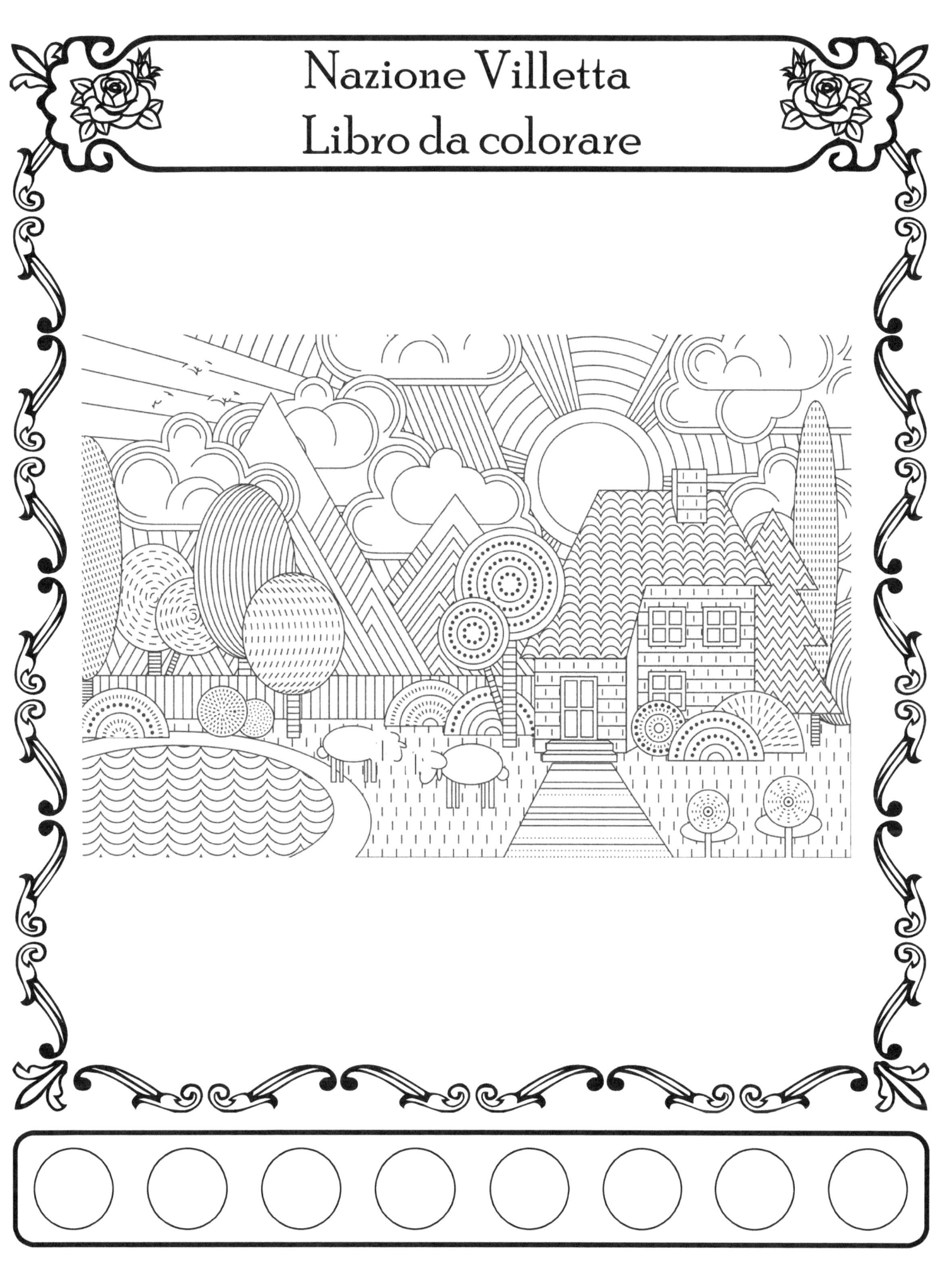

Nazione Villetta
Libro da colorare

Nazione Villetta
Libro da colorare

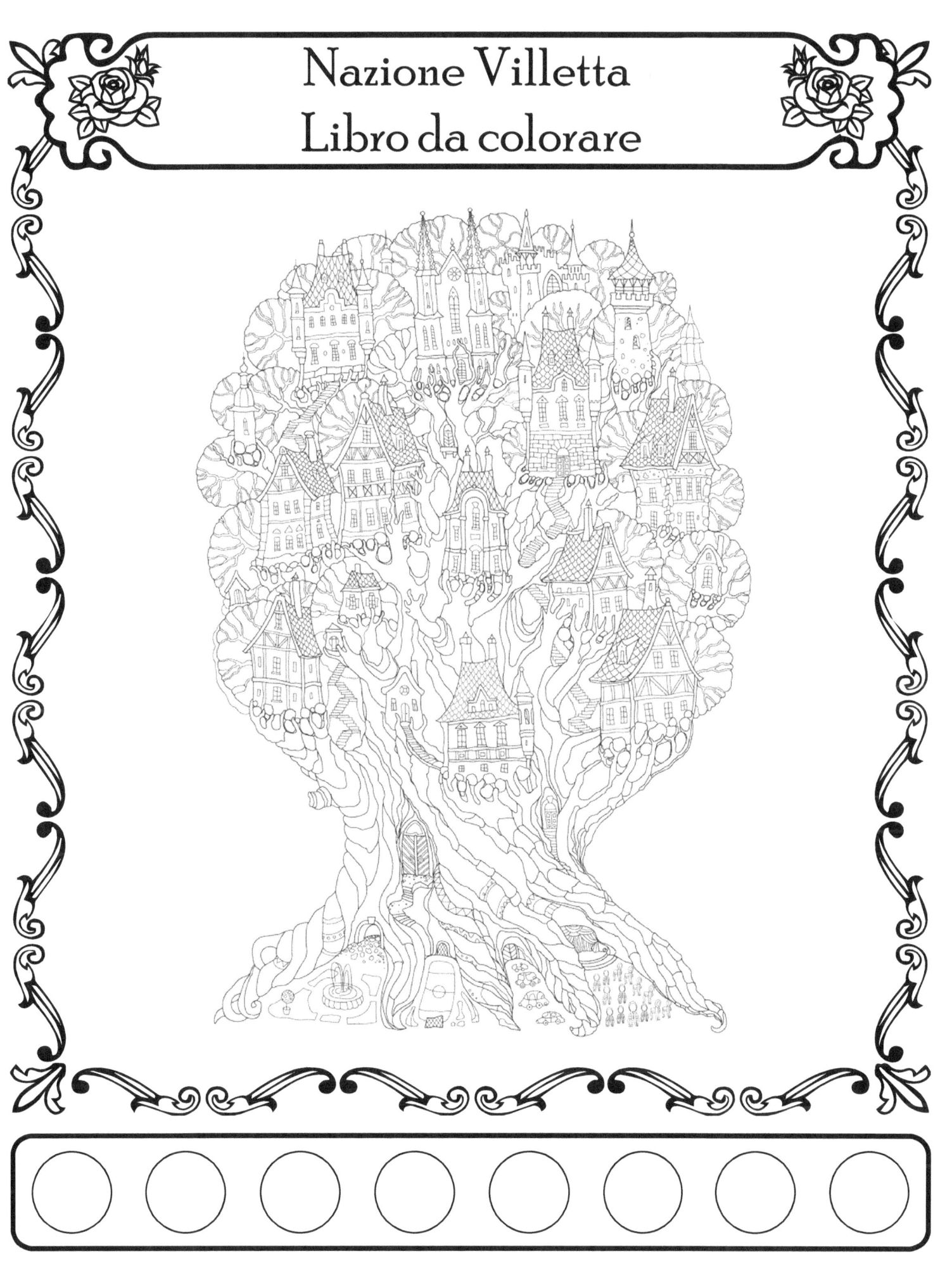

Nazione Villetta
Libro da colorare

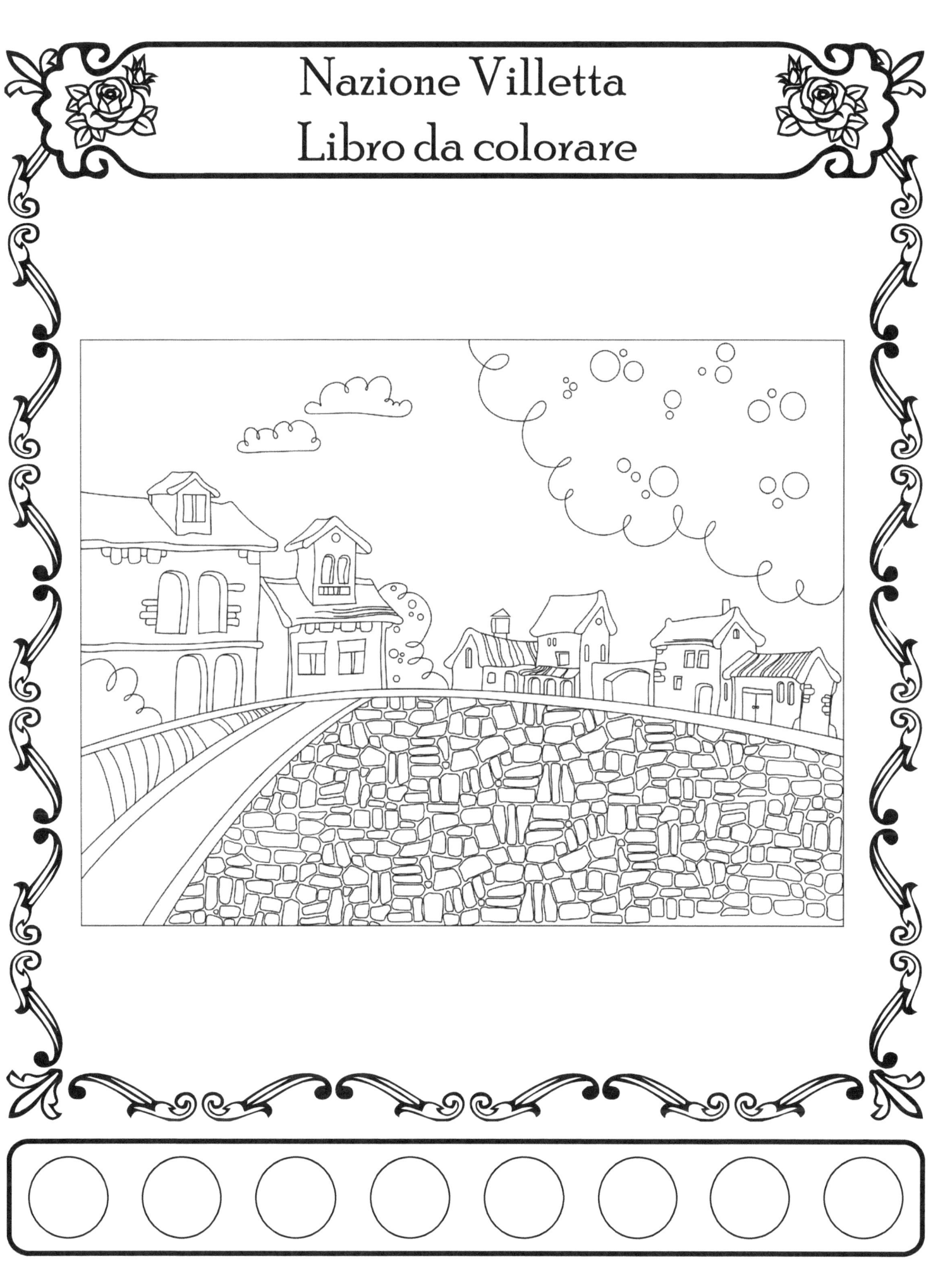

Nazione Villetta
Libro da colorare

Nazione Villetta
Libro da colorare

Nazione Villetta
Libro da colorare

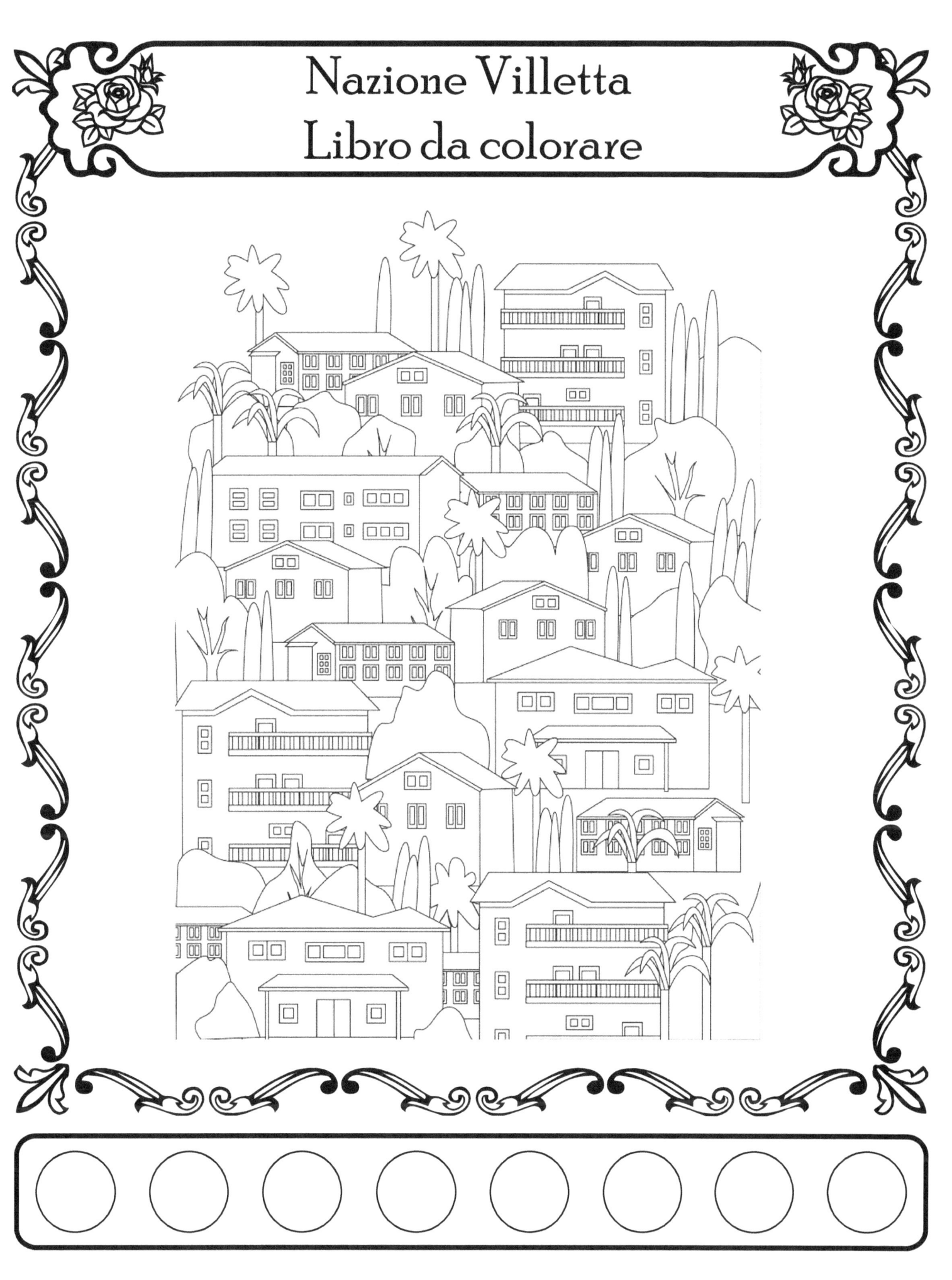

Nazione Villetta
Libro da colorare

www.ingramcontent.com/pod-product-compliance
Lightning Source LLC
Chambersburg PA
CBHW081001220526
45467CB00008B/2641